DIESER
PRIVATDRUCK
IST FÜR

TIPPS RUND UMS KOCHEN

Gesammelt von
Rainer Wörtmann,
Hamburg

© 2013
Rainer Wörtmann
20144 Hamburg
rwoertmann@aol.com

Idee und Gestaltung:
Rainer Wörtmann

Herstellung und Verlag:
BoD - Books on Demand,
22848 Norderstedt

ISBN 978-3-7322-9878-5

EINKAUFEN

ZUBEREITEN

WÜRZEN

GRILLEN

SOFORT-HILFE

LAGERN

EINFRIEREN

REINIGEN

FELDSALAT

FELDSALAT „Je kleiner, desto besser", lautet der Einkaufstipp für Feldsalat. Das gilt sowohl für die einzelnen Blätter als auch für die Rosetten, zu denen die Blätter zusammengewachsen sind. Außerdem auch auf bereits angefaulte Blätter achten.

Da Feldsalat kalte Temperaturen bis zu minus 15 Grad verträgt, wird er bis in den Januar des neuen Jahres hinein geerntet. Dieser Freilandsalat hat ein intensiveres Nussaroma und kräftigere Blätter als unter Glas oder Folie gezogene Pflanzen. Für vier Portionen benötigen Sie 200 g Salat.

FISCH Das Wichtigste beim Einkauf von Fisch ist es, zu erkennen, ob er frisch ist. Dazu kann man sich vier Faustregeln merken:

Die Kiemen sollen hellrot sein und fest anliegen.

Klare und glänzende, pralle Augen.

Die Schleimhaut soll glatt sein, keinesfalls schmierig.

Der Fisch duftet nach Meer und Wasser, er hat keinen typisch fischigen Geruch!

GRANATÄPFEL Die kurz vor der optimalen Reife gepflückten Granatäpfel sind bei uns von Herbstbeginn bis in den März hinein erhältlich. Da die dicke Schale das Fruchtfleisch schützt, sind sie auch für den Handel lange lagerfähig. Auch wenn sich die Schale langsam verhärtet, macht das den saftigen Kernen im Inneren nichts aus.

HONIGMELONEN
Die Honigmelonen vor dem Einkauf schütteln. Ist sie reif, dann kann man die Samen innen rasseln hören. Außerdem duftet eine reife Honigmelone. Riecht sie nach nichts und ist vielleicht noch grünlich, ist ihr Fruchtfleisch hart und ohne Aroma.

KÄSE
Bei Käse mit "Löchern": Beim Einkaufen darauf achten, dass die Löcher nicht so groß sind, denn in diesem Fall wurde der Käse bei hohen Temperaturen einer „schnellen Reife" unterzogen. Bessere Qualität haben Emmentaler und Co. mit kleineren Löchern.

KARTOFFELN
Beim Einkauf sollte man einen Bogen um unreife und grünliche Kartoffeln bzw. Kartoffeln mit grünen Stellen machen. Die grünen Stellen enthalten das Gift Solanin und müssen weggeworfen bzw. ausgiebig weggeschnitten werden.
Beim Kauf von Kartoffeln ist es wichtig, auf ihre Kocheigenschaften zu achten, die immer angegeben sein müssen. Denn für Salate, Bratkartoffeln oder ganz schlichte Salzkartoffeln eignen sich festkochende Sorten. Sie enthalten weniger Stärke. Mehligkochende, stärkereiche Sorten dagegen sind besser für Klöße, Pürees und zum Binden von Suppen und Saucen geeignet.

MUSCHELN
Egal ob Mies- oder Venusmuscheln, sie sollten sie nur nur in den Monaten mit einem „r" kaufen, also von September, noch besser Oktober, bis April des folgenden Jahres.
Warum nicht, weil sie im Sommer schlecht sein könnten. Diese Regel stammt aus einer Zeit, in der für den Transport von Meeresfrüchten noch die Kühlung fehlte. Der Grund ist vielmehr, dass die Muscheln in den Sommermonaten nicht so gut wie im Winter schmecken. Das hängt mit der Nahrung zusammen, die die Schalentiere zu sich nehmen. In der warmen Jahreszeit

sind das besonders viele Algen, die zum Teil sogar mit Schadstoffen angereichert. sind. In den kalten Monaten finden sie nicht so viele Algen und schmecken deshalb frischer, egal ob Mies-, oder Venusmuscheln.

Achten Sie darauf, dass die Muscheln frisch riechen und sich schließen, wenn Sie an die Schale klopfen. Bei Miesmuscheln rechnen Sie pro Person ein Kilo, bei Venusmuscheln, die Sie z.B. mit Spaghetti servieren möchten, 250 g pro Person.

OLIVENÖL
Im Frühjahr ist Saison für Olivenöl, denn dann ist die neue Ernte da. Das gilt auf jeden Fall für kleine Ölmühlen, die ihr Öl nicht verschneiden. Im gesamten Mittelmeerraum werden Oliven von November bis zum Februar geerntet. Während das Öl aus „November-Oliven" noch ungefähr zwei Monate lagern muss, weil es sonst etwas kratzig ist, kann Olivenöl aus später geernteten Früchten gleich verbraucht werden. Es schmeckt im März besonders gut.

PFIFFERLINGE
Pfifferlinge schmecken um so besser, je kleiner und trockener sie sind.

Große Pilze, die womöglich noch glasig-weiche oder braune, trockene Stellen haben, sind von minderer Qualität, also zweite Wahl. Diese Stellen sollten unbedingt weggeschnitten werden.

Frische Pfifferlinge sollten gleichmäßig klein und trocken sein und angenehm duften. Haben Sie die Möglichkeit, einen Pilz zur Probe zu brechen, sollte er knacken.

Pfifferlinge immer in Spankörbchen oder Papiertüten einkaufen, nie in Plastiktüten. Importierte Ware, z.B. aus

Polen, Tschechien, Rumänien oder Österreich, muss aus-
gewiesen sein.

QUITTEN Achten Sie beim Einkauf auf den Duft
der Quitten, reife Früchte duften intensiv nach Zitrone
und Apfel. Außerdem ist auf ihrer Schale kaum noch
etwas von dem charakteristischen Flaum zu finden.
Es gibt zwei Quittensorten: die in der Form eines Apfels
und Birnenquitten. Apfelförmige haben eine härtere
Schale und sind weniger saftig als Birnenförmige, dafür
sind sie herzhafter im Geschmack. Kleine Quitten
schmecken übrigens besser als große.
Keine Früchte mit Rissen oder Flecken kaufen. In türki-
schen Läden erhalten Sie oft besonders gute Quitten.

SAUERKRAUT Sauerkraut nicht in
Plastikgefäßen oder abgepackten Plastiktüten kaufen.
Durch die enthaltene Säure ist es möglich, dass sich aus
der Verpackung giftige Stoffe lösen können. Sie zerstö-
ren Vitamine und verderben den Geschmack des
Krautes.

BRATKARTOFFELN Besonders
knusprig werden Bratkartoffeln, wenn die (festkochen-
den) Kartoffeln schon am Tag zuvor in der Schale
gekocht werden. Gepellt werden sie erst vor dem
Braten, dann in Scheiben geschnitten – und noch etwa
eine Stunde ausgebreitet liegen gelassen! Gebraten werden sie bei mittlerer Hitze und möglichst wenig bewegt.
Wichtig: Erst wenden, wenn die Unterseite schön
gebräunt ist.
Am besten gelingen Bratkartoffeln in einer schweren gus-
seisernen Pfanne. Sie verbrauchen dann allerdings auch
mehr Bratfett, als wenn man sie in einer beschichteten
Pfanne brät.

BRÖTCHEN Brötchen vom Vortag kann man
knusprig, frisch im Backofen wieder aufbacken, wenn
man sie zuvor mit Wasser befeuchtet. Am besten die
Brötchen in den kalten Backofen legen, auf 175 Grad
stellen und nach 8 – 10 Minuten wieder herausnehmen.

CAMEMBERT SCHÄLEN Für
Fondues mit Camenbert ist es nötig, die
Schimmelschicht abzuschälen. Dazu den Camenbert ein-
frieren und im gefrorenen Zustand z.B. mit einem
Gurkenhobel „schälen".

COCKTAILS RÜHREN Zumindest alle
Fans von James Bond wissen, dass einige Cocktails
"nur" gerührt werden und nicht geschüttelt. Zum Beispiel
der Martini des Geheimagenten, der direkt im Trinkglas
zubereitet wird. Das passiert mit einem Barlöffel, wenn
sich alle Zutaten im Glas befinden. Dabei nicht zu heftig
rühren, sonst schwappt der Cocktail über.
Oder Sie rühren im Rührglas. Zusammen mit einigen

Eiswürfeln mischen Sie die Zutaten, meist klar, in einem hohen Becher. Der Barlöffel dafür sollte dementsprechend lang sein. Durch ein Barsieb seihen Sie den Drink dann in ein bereit stehendes Glas, das Eis bleibt zurück.

COCKTAILS MIXEN Mixen im

Standmixer (Blender): In dem Elektromixer muss das Eis gemahlen oder crushed sein. Dazu kommen meist fruchtige Zutaten und Alkohol wie Rum oder Tequila. Denn so entstehen viele der tropischen, wunderbar schaumigen Cocktails. Schalten Sie kurz auf Höchstgeschwindigkeit, und wenn der Drink fertig ist, gießen Sie ihn aus dem Mixer direkt ins Glas.

ERDBEEREN Erstaunlich, aber wahr:

Erdbeeren schmecken mit ein wenig Orangen- oder Zitronensaft noch süßer!

ERDBEERMARMELADE Viel fruchti-

ger als gekochte Konfitüre aus Erdbeeren schmecken roh gerührte. Die Beeren dafür müssen gut gereift und in bestem Zustand sein. Für zwei Gläser 500 g Erdbeeren waschen, gut abtropfen lassen, Stiele und Blättchen entfernen. In einer Küchenmaschine mit 1 EL Zitronensaft 10 Minuten pürieren oder mit dem Handmixer mindestens 20 Minuten schlagen und dabei nach und nach 500 g Gelierzucker in kleinen Mengen zugeben. Erst wenn sich der Zucker gelöst hat, die Konfitüre in vorbereitete Schraubgläser füllen und verschließen. Im Kühlschrank halten sich die Konfitüren, auch angebrochene Gläser, bis zu 3 Monaten. Wichtig, damit sich kein Schimmel bildet: Erdbeerkonfitüre immer mit einem sauberen Löffel entnehmen.

FENCHEL Fenchel schmeckt zum einen roh im

Salat oder einfach in Streifen geschnitten mit einem Dip. Zum anderen ist die Knolle mit dem leichten

Anisgeschmack auch lecker als gedünstete oder gebratene Beilage oder gratiniert. Sie harmoniert in jedem Fall sehr gut mit Käse, egal ob in Form von einer Sauce, einer Käsekruste oder über das gedünstete Gemüse gerieben.

FETTÄRMER Verwenden Sie zum Kochen

und Braten beschichtete Töpfe und Pfannen. Aus Aluminium hergestellt sind sie sehr leicht, der Boden ist mit Kunststoffen wie Teflon beschichtet. So bleibt nichts kleben, auch wenn Sie nur sehr wenig Fett verwenden. Fettarme Garmethoden: Dazu gehören Dämpfen, Dünsten, Schmoren und auch das Garen im Wok. Ebenso ist Grillen dem Braten in der Pfanne vorzuziehen.

FORELLEN AUSNEHMEN Nimmt

man den Fisch selbst aus, entfernt also die Innereien, kann man das auf zwei Arten machen; einmal vom Rücken und einmal vom Bauch aus.
Zum Füllen mit Kräutern und einem Stück Butter oder mit klein geschnittenem Gemüse eignet sich die erste Methode besser: Forelle auf die Seite legen und auf beiden Seiten vom Rückgrat mit einem scharfen Messer einschneiden. Durch Diesen Vorgang werden die Rückenmuskeln gelöst.
Dann die Rückenflosse mit ihren Gräten entfernen. Nun mit etwas Fingerspitzengefühl an den Einschnitten entlang die beiden Seiten des Fisches vorsichtig von den Gräten lösen. Dabei die Mittelgräte ganz freilegen, so dass auch die Bauchseiten abgelöst sind, und an Kopf und Schwanz abschneiden. Die Mittelgräte sollte sich nun ganz leicht zusammen mit den Eingeweiden herausziehen lassen.

GRANATAPFEL Die roten Kerne des

Granatapfels schmecken in Fruchtsalaten und Desserts. Auch in Blattsalaten sind sie für einen fruchtigen Farbtupfer gut.
Unentbehrlich sind die Kerne in der orientalischen Küche, probieren Sie einen Reis-Pilaw mit Nüssen und Granatapfelkernen.

Aus dem Saft der Kerne wird Sirup hergestellt, der als Grenadinesirup in keiner Bar fehlt. Außerdem eignet sich der Saft für Sorbets.

GRAPEFRUITS Um eine Grapefruit frisch
zu verzehren, halbieren Sie die Frucht am besten quer und entfernen zuerst die Kerne. Sie können nun mit einem speziellen Grapefruitmesser das Fruchtfleisch aus den Segmenthäuten trennen und dann entlang der äußeren Schale einschneiden. Die Fruchtfilets dann nur noch mit einem Löffel herausheben.
Es gibt auch spezielle Löffel, die vorn an der Spitze eine kleine Säge haben. Das Fruchtfleich lässt sich damit jedoch nicht ganz so sauber aus den Segmenten trennen..

KÄSE Wer hätte das gedacht: Erstaunlicherweise
eignen sich stumpfe Messer zum Schneiden von Käse viel besser als scharfe. Auch ein angewärmtes Messer leistet gute Dienste, es gleitet durch den Käse wie durch Butter!

KAKI Meist werden Kakifrüchte roh verzehrt, direkt
aus der Frucht gelöffelt, in Scheiben oder in Würfel geschnitten. Mit etwas Zitronensaft schmecken sie noch aromatischer.
Kakis passen in Obstsalate und eignen sich als Beilage zu Desserts wie Eiscreme oder Quarkspeisen. Lecker ist ein Sorbet aus Kakis.

KNOBLAUCH SCHÄLEN Die Haut
von Knoblauchzehen lässt sich leichter entfernen, wenn man die Zehen vorher kurz in warmes Wasser legt.
Ein anderer Trick:
Zehe auf ein Holzbrett legen und mit dem Rücken eines dicken Messers darauf drücken. Sie flutscht dann wie von selbst aus der Schale.

KOKOSNUSS ÖFFNEN Nehmen Sie

einen Hammer in die eine Hand, die Kokosnuss in die andere, aufrecht stehend. Schlagen Sie mit der spitzen Seite des Hammers mit leichten Schlägen auf die Kokosnuss und drehen Sie nach jedem Schlag die Kokosnuss ein kleines Stückchen weiter. Nach 2-3 Umdrehungen platzt die Nuss exakt an den Schlagstellen auf und Sie ehalten zwei Hälften, aus denen man dann den Saft trinken kann. So geht nichts verloren und es spritzt nichts durch die Küche.

KRÄUTER SCHNEIDEN Um Kräuter

zu schneiden sollte man statt eines Holzbrettchens besser eine Arbeitsplatte aus Kunststoff oder auch aus Marmor benutzen. Das Holz saugt die Kräutersäfte auf. Wenn gar nichts anderes zur Verfügung steht, dann das Holzbrettchen vorher mit kaltem Wasser abspülen und nicht abtrocknen.

KÜRBIS Vor dem Schälen, sollte man ein Stück

aus dem Kürbis schneiden.
Kürbisse zu zerteilen stellt eine kleine Herausforderung dar, denn das rohe Fleisch ist sehr hart. Daher sollte man ein stabiles, schweres Messer verwenden. Einen großen Kürbis wie den Muskatkürbis zerteilt man zunächst in Achtel oder noch kleinere Stücke. Dann schält man ihn entweder mit einem Sparschäler (Butternut-Kürbis) oder mit einem Messer (Muskatkürbis). Mit einem Esslöffel kann man die Kerne leicht abschaben.
Extratipp: Wer sowieso gegartes Kürbisfleisch verwenden will, kann sich viel Arbeit beim Zerschneiden sparen. Einfach den Kürbis halbieren und bei 120 bis 150 Grad

20 bis 30 Minuten im Backofen vorgaren. Danach kann man den Kürbis ganz leicht aushöhlen, schneiden und schälen.

MUSCHELN SORTIEREN

Müssen bereits vor dem Kochen geöffnete Muscheln immer aussortiert und weggeworfen werden?
Im Prinzip ja. Ausnahme: Schließt sich die Muschel bei leichtem Klopfen von allein, oder auch wenn sie ins kalte Wasser kommt, darf sie trotzdem gekocht werden. Zweifelhafte Exemplare dürfen auch nicht "fischig" riechen.

MUSCHELN ENTSANDEN Am

besten die Muscheln sofort nach dem Einkauf in eine große Schüssel oder in das Abwaschbecken, gefüllt mit kaltem Wasser, geben und einige Stunden stehen lassen. In das Wasser ruhig 1 EL Salz geben. Mit der Zeit öffnen und schließen sich die Muscheln immer wieder und geben so den Sand ab
Muscheln wässern
Danach die Muscheln aus dem Wasser in ein Sieb zum Abtropfen legen und nicht schütten, damit der Sand zurück bleibt.

NUDEL-MENGEN Als Beilage,

Rohgewicht pro Person: 50 – 75 Gramm.
Als Hauptgericht, Rohgewicht pro Person: 75 – 100 Gramm.
Als Suppeneinlage, Rohgewicht pro Person: 25 Gramm.
Bei der Nudelparty mit verschiedenen Saucen, pro Person: 200 Gramm.

OLIVEN ENTSTEINEN Legen Sie

die Oliven auf Ihre Arbeitsplatte und rollen Sie mit dem Nudelholz mehrmals darüber. Die Steine sind anschließend leichter zu entnehmen.

ORANGEN U. A. SCHÄLEN

Wenn sich die Schale von Orangen schlecht lösen lässt, tauchen Sie die Frucht kurz in heißes Wasser. Die Schale lässt sich mühelos entfernen.

ORANGEN, SAFTIGER

Orangen und andere Zitrusfrüchte werden saftiger, wenn man sie mit leichtem Druck der flachen Hand auf dem Tisch hin- und herrollt. Dadurch wird natürlich die Saftmenge nicht höher, aber es tritt mehr Saft aus den Zellen aus.

QUITTEN

Beim Vorbereiten der oft sehr harten Früchte hat so mancher Probleme mit dem Herausschneiden des Kerngehäuses. Besser geht es, wenn man die Quitten vor dem Kochen zwar schält, das Kerngehäuse aber erst nach dem Kochen (40 bis 50 Minuten) herausschneidet.

Bekommen Sie keinen Schreck, wenn sich Ihre Quitten nach dem Schneiden verfärben. Beim Garen verflüchtigt sich die Färbung zum Glück wieder!

SAHNE SCHLAGEN

Wenn nicht nur die Sahne, sondern auch das Rührgefäß kalt ist, wird Schlagsahne wesentlich schneller steif. Dafür die Schüssel oder den Rührtopf vorher in den Kühlschrank stellen. Noch schneller kühlt die Schüssel im Gefrierschrank.

SCHMORBRATEN

Streichen Sie einen Rinderbraten am Vortag rundherum mit Senf ein und lassen Sie ihn über Nacht im Kühlschrank ruhen.

Bevor Sie nach Beendigung der Garzeit das große Messer ansetzen, lassen Sie den Braten noch fünf bis fünfzehn Minuten ruhen. Einen großen Braten in jedem Fall länger als einen kleinen. Der Fleischsaft kann sich so gleichmäßig verteilen.

Erst jetzt das Fleisch quer zur Faser in gleichmäßig dicke Scheiben schneiden. Dabei zartes Fleisch in dickere, weniger zartes in dünne Scheiben schneiden.

Damit der Braten keinen Saft verliert, sollten Sie auf das Einstechen mit einer Fleischgabel zum Festhalten verzichten. Halten Sie ihn besser mit der flachen Seite der Gabel fest.

SPECK BRATEN Beim Braten von Speck

ist es sehr wichtig, auf die Temperatur zu achten, denn die darf nicht zu hoch sein. Speck wird mit Pökelsalz haltbar gemacht, in dem sich allerdings auch Nitrat befindet. Bei hohen Temperaturen können sich aus dem Nitrat krebserregende Nitrosamine bilden. Deshalb den Speck bei mittlerer Hitze braten. Das dauert eventuell etwas länger, ist aber gesünder.

SORBETS ZUBEREITEN Diese

gänzlich fettfreien Köstlichkeiten lassen sich blitzschnell zubereiten. Am einfachsten geht es, wenn Sie tiefgekühlte Beeren mit etwas Zitronensaft, Puderzucker und eventuell Likör mit einem Stabmixer pürieren. Danach sollten Sie es sofort servieren.

TOMATEN SCHNEIDEN Wer

Tomate und Mozzarella auf einem Teller anrichten möchte, kennt das Problem: Die Samen fallen aus den Tomatenscheiben heraus und landen auf dem Schneidebrettchen. Schön sieht das nicht aus. Aber woran liegt das Der Fehler liegt darin, dass viele die Tomate mit dem Strunk nach oben schneiden. Doch das führt dazu, dass die Tomatensamen nicht mehr ausreichend Halt haben. Wer hingegen die Tomate so positioniert, dass der Strunk nach links oder rechts zeigt, schneidet die Scheiben so, dass die einzelnen Tomatenkammern bestehen bleiben. Der Samen hat genügend Halt am Tomatenfleisch und fällt nicht heraus. Am besten benutzt man ein gezähntes Messer, dann rutscht man nicht von der glatten Schale ab und auch dünne Scheiben gelingen. Und zum Schluss: Entfernen Sie besser den Strunk der Tomate, denn dieser enthält das Gift Solanin, das in größeren Mengen zu Übelkeit und Kopfschmerzen führen kann.

VANILLESCHOTEN Ausgekratzte

Vanilleschoten nicht wegwerfen! Stecken Sie sie zusammen mit Zucker in ein Schraubdeckelglas. Schon bald haben Sie selbst gemachten Vanillezucker mit sehr feinem Aroma

WEIN KOCHEN Wer gern mit Wein kocht,

sollte dazu keine Töpfe aus Aluminium verwenden, weil das Essen sonst metallisch schmeckt. Besser sind Töpfe aus Edelstahl oder Emaille.

ZITRONEN EINSALZEN Sie brau-

chen: 1 kg kleine, dünnschalige und unbehandelte Zitronen, Salz, 350 ml Zitronensaft, 1 – 2 EL Olivenöl Die Zitronen waschen und bürsten. Längs von der Spitze aus in Viertel schneiden, die Teile am Stielansatz aber nicht trennen. Sie öffnen sich später wie Blüten. Nun jede Zitrone vorsichtig auseinanderfalten, mit etwa einem TL Salz bestreuen und wieder zusammendrücken. Dicht in saubere große Einmachgläser füllen, eventuell mit einem großen, sterilisierten Kieselstein beschweren. 4 – 5 Tage an einem warmen Ort ruhen lassen, bis sich einige Flüssigkeit angesammelt hat.

Die Zitronen vollständig mit Zitronensaft bedecken. Geht auch mit gesäuertem Wasser, dafür 1 1/2 TL Zitronensäurepulver aus der Apotheke in 500 ml Wasser auflösen. Eine dünne Schicht Öl auf die Oberfläche verteilen, das verhindert Schimmelbildung, und das Glas sofort verschließen. Die Lake ist zuerst trüb, wird aber nach 3 – 4 Wochen klar. Dann können die Zitronen auch verwendet werden.

Sie schmecken scharf-pikant und passen z.B. zu einem Couscous.

ZITRONENSAFT Wenn Sie nur einige

Tropfen Zitronensaft brauchen, schneiden Sie nicht die Frucht auf, sondern stechen Sie einmal mit einer Stricknadel oder Gabel mitten in die Zitrone. Sie können nun den Saft wohldosiert auspressen. Außerdem hält sich die Zitrone besser.

ZWIEBELN EINLEGEN 1250 g

Silberzwiebeln schälen und in eine Schüssel geben. Eine Salzlake anrühren, dabei kommen auf je einen Liter Wasser 75 g Salz. Die Lake über die Zwiebeln gießen, mit einem Teller beschweren und an einem kühlen Ort 24 Stunden ziehen lassen.

Zwiebeln gut abspülen und mit 2 Lorbeerblättern, 4 TL Senfkörnern und 2 bis 3 getrockneten roten Chilischoten in ein sterilisiertes Glas schichten. Etwa 750 ml Weißweinessig über die Zwiebeln gießen, soviel, dass sie 2,5 cm bedeckt sind. Den Essig nochmal abgießen und in einem säurebeständigen Topf zwei Minuten kochen lassen. Den heißen Essig wieder über die Zwiebeln gießen, eventuell beschweren, damit sie bedeckt bleiben, und das Glas verschließen. Vor dem Probieren an einem kühlen Ort vier Wochen ziehen lassen.

ANANAS Ananas, die in herzhaften Gerichten verwendet wird, schmeckt gut zusammen mit Curry, Pfeffer und Paprika. Zu "süßer" Ananas passen die geriebenen Schalen von Zitronen und Orangen sowie Preiselbeeren. In beiden Geschmacksrichtungen harmoniert Ingwer.

ERDBEEREN Kräuter, die zu Erdbeeren passen, sind: Zitronenmelisse, Minze, Estragon und Lavendel. Auch Vanille harmoniert gut mit dem Aroma der kleinen Roten.
Mutig ist die Kombination, Erdbeeren zum Dessert in einer Marinade aus feinem Aceto balsamico, Dijon Senf und Zucker zu servieren, mit einer Kugel Vanilleeis ist es wirklich einen Versuch wert!

FLEISCH Stücke, die gebraten werden sollen, nicht zuvor mit Paprikapulver würzen, da es leicht verbrennt. Das Fleisch bekommt sonst einen bitteren Geschmack. Nach dem Anbraten, wenn die Temperatur bereits etwas herunter geschaltet wurde, besteht diese Gefahr nicht mehr.

KAROTTEN Am besten Möhren und Karotten immer mit etwas Fett zubereiten. Sie schmecken dann erstens lieblicher, und zweitens bleibt das in ihnen enthaltene Karotin besser enthalten.
Gewürze dürfen sowohl scharf, Curry, Chili und Ingwer, als auch süß wie Zimt oder Honig sein.

KARTOFFELN Kartoffeln lassen sich vielseitig würzen. An Kräutern passen besonders gut Rosmarin, Thymian, Majoran, aber auch Basilikum, Schnittlauch und Petersilie.

Frisch geriebene Muskatnuss macht das Kartoffelpüree perfekt, halbierte Backkartoffeln schmecken gut mit Kümmel, Fenchelsamen oder Senfkörnern auf der eingeölten Schnittfläche.

Nicht zu vergessen ist das Salz, denn wer kann schon eine dampfende Pellkartoffel ganz schlicht mit Salz und Butter abschlagen?

ROSENKOHL Das Gemüse wird lieblicher, wenn Sie beim Garen eine Prise Zucker in die Kochflüssigkeit geben.

ROTE BEETE Zu dem leicht erdigen, feinaromatischen Geschmack von Rote Beete passen zum einen frische Kräuter wie Dill, Petersilie, Schnittlauch und Kerbel. Auch Kümmel, Nelken und Meerrettich eignen sich zum Würzen. Leicht exotisch schmecken Rote Beete mit Ingwer oder Kardamon. Nicht zu vergessen ist außerdem Zitronensaft.

SAUCEN Eine besondere Note bekommt die helle Grundsauce durch die Zugabe von geriebenem Meerrettich oder Kapern. Auch Kräuter wie Petersilie, Schnittlauch und Estragon geben einen speziellen Geschmack.

Weitere Möglichkeiten zum Abschmecken: Zitronen- und Orangensaft, Tomatenmark, Senf, Curry und Safran.

GRILLEN

BANANEN Bananen grillen Sie 6 – 8 Minuten im Ganzen mit Schale. Danach längs halbieren und gesüßte Crème fraîche abgeschmeckt mit Zitronensaft dazu reichen.

FISCHE Zu den Fischsorten, die auf dem Grill am besten gelingen, gehören Lachs, Makrele, Hering, Schwertfisch, Heilbutt und Thunfisch. Alles eher fettreiche Fische, die nicht so schnell trocken werden.
Beim Grillen von Fisch ist Obacht angesagt, denn die Leckerbissen aus Fluss und Meer benötigen nur kurze Zeit zum Garen über mittlerer Hitze.
Fischfilets dürfen meist schon nach 3 Minuten Grillen von jeder Seite vom Rost, ganze Fische nach jeweils 5 Minuten. Deshalb entfernen Sie sich zwischendurch besser nicht von der Feuerstelle.
Damit der Fisch schön saftig bleibt, sollten Sie ihn zuvor außerdem kurz marinieren. Kurz deshalb, weil eine saure Marinade ihn schon halb vorgart. Geben Sie fettreichen, öligen Marinaden dabei den Vorzug. Den Grillfisch dafür durch die Haut einschneiden, so können Geschmack, Hitze und Rauch gut eindringen und ihn gleichmäßig garen.
Wenn der Fisch auf den Grill kommt, sollte er Zimmertemperatur haben. Wenn vorhanden, legen Sie den Fisch in einen klappbaren Grillrost. So können Sie ihn besser wenden, ohne dass er durchbricht. Ohne dieses Spezialzubehör den Fisch nur einmal wenden.
Der Fisch ist fertig, wenn er eine dunklere Farbe hat. Dann sofort vom Grill nehmen, damit er zart und saftig bleibt. Jetzt ist auch Zeit zum Würzen.

GEFLÜGEL Weil das relativ magere Geflügelfleisch auf dem Grill schnell austrocknen kann, sollten man es immer marinieren. Das ist umso wichtiger, wenn Haut und Knochen zuvor entfernt wurden.

Zum Grillen eignen sich Hähnchenbrustfilets mit und ohne Haut, Hähnchenkeulen und Flügel, Teile von der Putenbrust, Entenbrüste, Wachteln und auch Stubenküken.

Um gleichmäßig zu garen, bereitet man immer nur gleiche Teile oder gleichgroße Portionen vor. Gut ist, die Stücke vor dem Marinieren einzuschneiden, die Oberfläche für Gewürze ist so größer und beim schnelleren Garen hilft es auch. Jedoch sollten die in Rezepten angegebenen Marinierzeiten nicht überschritten werden, weil dem Fleisch sonst zuviel Feuchtigkeit entzogen wird. Auf dem Rost kann es gummiartig werden.

Geflügel sollte nicht zu kalt sein, wenn es bei mittlerer Hitze gegrillt wird. Man nimmt es 20 Minuten zuvor aus dem Kühlschrank. Es wird so gleichmäßiger und schneller gar.

Beim Grillen immer wieder mit Öl bestreichen. Die Garprobe macht man mit einem kleinen Messer, kein Hauch von Rosa darf mehr zu sehen sein. Wegen Salmonellengefahr muss Geflügel immer vollständig durchgegart werden. Salzen - erst nach dem Grillen. Wichtig: Die Marinade nicht wieder verwenden, auch nicht zum Bestreichen von Geflügel auf dem Grill. Bereits gegarte Geflügelteile nicht in das Mariniergefäß zurücklegen. Auch hier besteht Salmonellengefahr!!!

GEMÜSE Als Beilage zu gegrilltem Fleisch
oder solo eignet sich Paprika, Zucchini und Auberginen

vom Rost. Das Gemüse zuvor putzen, d.h. die Paprikaschoten in Ringe schneiden, Zucchini und Auberginen halbieren und dann in Längsscheiben teilen. Sogar Frühlingszwiebeln lassen sich grillen, vorher die dunkelgrünen Enden abschneiden.

Das geputzte und vorbereitete Gemüse wird schon vorher mit Salz und Pfeffer gewürzt und mit etwas Olivenöl eingepinselt. Aber Vorsicht, das Öl soll nicht in die Glut tropfen. Paprika und Frühlingszwiebeln brauchen ungefähr 2 Minuten Garzeit auf dem Grill, Zucchini etwa 4 Minuten, die Auberginen bis zu 10 Minuten. Zu den gegrillten Vitaminspendern passt die Focaccia mit Oliven oder einfach Fladenbrot.

GRILLHITZE PRÜFEN Weil zum

Grillen von Fleisch eine höhere Hitze als etwa für Fisch nötig ist, ein paar Anhaltspunkte zum Prüfen der Hitze: Halten Sie die flache Hand circa 12 cm über die glühenden Kohlen und zählen Sie die Sekunden, bis Sie sie wegziehen.

Nach 1 – 2 Sekunden = hohe Hitze
Nach 3 – 4 Sekunden = mittlere bis hohe Hitze
Nach 5 – 6 Sekunden = mittlere Hitze
Nach 6 – 7 Sekunden = niedrige bis mittlere Hitze
Nach 8 – 9 Sekunden = niedrige Hitze

MEERESFRÜCHTE Hummer dürfen

zuvor ruhig schon gekocht sein, sie werden auf dem Grill nur noch kurz aufgewärmt und nehmen das rauchige Aroma auf. Für Tintenfische gilt: Vor dem Grillen in Öl, eventuell gewürzt, wenden und dann entweder 1 – 2 Minuten von jeder Seite bei großer Hitze oder lange Zeit bei niedriger Hitze garen. Sonst wird ihr Fleisch zäh. Wenn sie gar sind, müssen sie sofort vom Grill genommen werden.

Besonders gut schmecken Garnelen vom Grill, aber bitte immer mit Schale, damit sie nicht austrocknen. Die Krustentiere werden noch besser, wenn sie zuvor etwa 30 Minuten in einer Marinade baden durften. Dann von jeder Seite bei mittlerer Hitze nicht mehr als 3 Minuten grillen, bis die Schalen rosa und das Fleisch fest ist.

GRILLGUT WÜRZEN

Frisch gegrilltes Fleisch ist eine Delikatesse. Das Geschmackserlebnis lässt sich noch steigern mit Gewürzen. Doch nicht jedes Gewürz passt zu jedem Fleisch. Das Fleisch bzw. der Fisch wird am besten mit gemahlenen Gewürzen einige Stunden vor dem Grillen eingerieben. Außer mit Salz! Salz macht das Fleisch trocken. Daher wird das Fleisch entweder kurz vor dem Grillen mit Salz eingerieben oder jeder salzt sein gegrilltes Fleisch selbst nach.

Kräuter mitzugrillen ist eine heikle Sache, denn sie neigen dazu, beim Grillen zu verbrennen.

Sie eignen sich gut in einer Marinade, in der das Fleisch einige Stunden vor dem Grillen eingelegt wird.

Gerade frische Kräuter auf frisch Gegrilltes bereiten tolle Geschmackserlebnisse.

Welches Gewürz passt zu welchem Fleisch?

Gewürze	Schwein	Rind	Lamm	Fisch
Pfeffer schwarz	x	x	x	x
Pfeffer grün		x		
Cayennepfeffer	x			
Paprikapulver	x			
Ingwer				x
Meerrettich	x	x		
Dill				x
Petersilie	x	x		x
Schnittlauch		x		x
Thymian	x	x	x	
Oregano	x	x	x	
Basilikum	x	x		
Rosmarin	x	x	x	x
Provencekräuter	x		x	x
Majoran	x	x		
Salbei	x		x	
Liebstöckel	x	x		
Estragon		x		x
Knoblauch	x	x	x	x

BRATGUT KLEBT AN Die Pfanne

stark erhitzen und reichlich Salz (2-3 Esslöffel) reingeben und gut erhitzen. Danach Pfanne mit einem Küchentuch ausreiben und schon gelingen die Pfannkuchen wieder.

FINGER VERBRANNT Verbrannte

Finger sofort unter fließendes kaltes Wasser halten.
Nicht mit Mehl oder Ölen behandeln.
Wenn Daumen und Zeigefinger verbrannt sind, hilft folgende Akupressur gegen Schmerzen und Blasenbildung:
Mit Daumen und Zeigefinger sofort das Ohrläppchen derselben Seite einklemmen. ca. 3 Min gepresst halten.
Nachdem man sie sofort unter kaltem Wasser gekühlt hat und evtl. noch ein Eis-Kühl-Aggregat benutzte, muss man die Finger mit Teebaumöl beträufeln. Dies zieht ein wie ein Schwamm. Sobald dies abgetrocknet ist, wieder mit Teebaumöl behandeln. Dies mehrmals am Unglückstag und auch in den folgenden Tagen noch ab und zu noch beträufeln. So wird den Brandblasen das Wasser entzogen. Zwar werden die verbrannten Hautstellen ziemlich hart. Aber dies fühlt man nur – sieht man nicht! Binnen zwei Wochen sind alle Brandblasen geheilt, ohne dass sie aufplatzen oder Sie beim Arzt waren.

FISCHE KLEBEN AN Das kann daran

liegen, dass das Bratfett zu kalt war. Deshalb ist es immer besser, die leere Pfanne erst gut vorzuwärmen und dann das Öl oder anderes Pflanzenfett hineinzugeben.
Auch wenn der in Mehl gewendete Fisch vor dem Braten zu lange liegt, kann er in der Pfanne ankleben.
Weil Mehl von dem Fisch die Feuchtigkeit zieht, wird es selbst klebrig.
Zu guter Letzt werfen Sie einen Blick in Ihre Pfanne. Ist

sie zerkratzt oder nicht ganz sauber? Auch das können Gründe sein, dass der Fisch in der Pfanne anklebt.

FISCH RIECHT
Wenn Fisch riecht, so ist das nicht sein Fleisch, sondern das Blut. Es sollte helfen, sofort die einzige Blutader am Rückgrat herauszuschneiden. Riecht der Fisch dann immer noch, können Sie den Geruch auch kurzfristig durch Abtupfen mit kaltem schwarzen Tee vertreiben. Mit der Zubereitung dann nicht mehr lange warten!
Ist der strenge Geruch unangenehm stark und sauer, oder riecht der Fisch gar faulig oder nach Ammoniak, dann ist er verdorben und gehört in den Müll.

FRÜCHTQUARK, BITTER
Grüne Früchte wie Kiwis etc. enthalten ein eiweißspaltendes Enzym, das Milchprodukte bitter macht. Deshalb geschälte Kiwis vorher kurz überbrühen, dann schmekken Quark, Joghurt oder Sahneeis.

HONIG KRISTALLISIERT
Wenn Honig kristallisiert ist, kann das Honigglas in einem Wasserbad erwärmt werden. So lösen sich die Kristalle und der Honig wird wieder flüssig.
Achten Sie unbedingt darauf, dass der Honig beim Erwärmen nur bis maximal 35 Grad C erhitzt wird, da sonst alle wertvollen Inhaltsstoffe wie Vitamine etc. zerstört werden!

KETCHUP LÄUFT NICHT
So bringen Sie den Ketchup zum Laufen: In die stehende Flasche einen Trinkhalm bis zum Flaschenboden stecken und dann wieder herausziehen. Durch die eingedrungene Luft kann der Ketchup leichter fließen.

MAYONNAISE GERONNEN
Geronnene, selbstgerührte Mayonnaise lässt sich retten:

In einem anderen Gefäß nochmal ein frisches Eigelb verrühren und die geronnene Mayonnaise tropfenweise dazugeben, wie vorher das Öl.

NUDELN VERKLEBT Wahrscheinlich
wurde zu wenig Kochwasser verwendet und die Nudeln während des Kochens auch nicht umgerührt. Deshalb kleben sie jetzt zusammen. Soforthilfe: Nochmal in heißes Wasser geben und beim Umrühren die Nudeln trennen. Danach wie gewohnt abgießen.
Sind die Nudeln jedoch bereits mit Sauce vermischt, wenn die "Panne" entdeckt wird, gibt man ein paar Löffel Wein, Öl oder Kochwasser dazu. Das Nudelgericht wird nocheinmal vorsichtig erhitzt, und dabei werden die Nudeln durch behutsames Rühren getrennt.
Nudeln kleben nicht zusammen, wenn man einen Eßlöffel Öl ins Kochwasser gibt.

REIS ANGEBRANNT Wem Reis
schon einmal angebrannt ist, der weiß, wie unangenehm das riechen kann. Dieser Geruch verschwindet nach kurzer Zeit, wenn man auf den Reis ein Kantenstück frisches Weißbrot legt und wieder den Deckel auf den Topf legt. Das bindet die verräterischen Düfte.

SAUCEN ANGEBRANNT Das
Anbrennen von Suppen und Saucen vermeidet man, indem man eine kleine Kugel (Murmel o.ä.) in den Topf legt. Die Kugel verhindert durch selbsttätiges Umrühren das Anbrennen.

AUFBEWAHREN

AVOCADOS Wird nur eine halbe Avocado
verbraucht, in der anderen Hälfte unbedingt den Kern
lassen und die Frucht mit Zitronensaft beträufeln. Mit
Folie abdecken und ab in den Kühlschrank. Die Avocado
wird so nicht grau und bleibt frisch.
Auch bei Resten von zubereitetem Avocadomus, unbe-
dingt etwas Zitronensaft dazugeben, den Kern der
Avocado dazu hineinlegen.
Reife Avocados halten sich im Gemüsefach des
Kühlschranks noch bis zu drei Tage. Wie Äpfel produzie-
ren sie jedoch das Gas Äthylen. Es lässt andere
Früchte schneller reifen oder gar verderben. Deshalb
Avocados am besten immer getrennt von anderen
Früchten aufbewahren.

BIER Der richtige Lagerplatz für Bier ist kühl und
dunkel, denn Temperaturschwankungen und grelles Licht
beeinflussen den Geschmack oder schaden ihm sogar.
Wichtig für Weizenbier: es sollte stehend gelagert werden, was für andere Sorten nicht so wichtig ist.

DATTELN Frische Datteln sollten Sie unbedingt
im Kühlschrank aufbewahren und innerhalb weniger Tage
verbrauchen.
Getrocknete Früchte sind zwar aufgrund ihres hohen
Zuckergehaltes länger haltbar, sollten aber besser auch
im Kühlschrank auf ihren Verzehr warten.

FEIGEN Getrocknete Feigen sind viele Monate
haltbar, wenn sie an einem kühlen Ort aufbewahrt werden. Achten Sie jedoch auf Milbenbefall, die Schädlinge
machen sich gern an den zuckersüßen Trockenfrüchten
zu schaffen.
Unbedingt in den Kühlschrank legen!

GEWÜRZE

Gewürze – und Kräuter – werden dunkel (vor Sonnenlicht geschützt), kühl und trocken gelagert. So halten sie länger.

GRANATAPFEL

Kühl aufbewahrt, bei etwa 10 ° Celcius, halten sich Granatäpfel bis zu drei Monate. Aber auch bei Zimmertemperatur lassen sich diese robusten Früchte noch etwa zwei Wochen aufbewahren.

INGWER

Ingwer lässt sich gut einfrieren: einfach die ungeschälte Knolle in den Gefrierschrank. Sie lässt sich dann auch in gefrorenem Zustand gut schälen, schneiden oder reiben.

KÄSE

Da stellen sich dem Franzosen die Nackenhaare zu Berge. Aber wer kennt das nicht: da ist man mal auf einem Trip nach Frankreich, steht an der Käsetheke und kann sich nicht zurückhalten. Also natürlich mal wieder viel zu viel gekauft. Langsam macht sich intensiver Käsegeruch im Kühlschrank breit. Wie abhelfen? Durch einfrieren!

Jede Käsesorte getrennt in Vierteln in einen Gefrierbeutel packen. Am besten die Luft herausziehen. Die Beutel nochmal in eine Gefrierdose packen, möglichst nicht zu eng stopfen.

Haltbarkeit ohne Geschmackseinbuße: ca. 6 Monate. Den Käse zum Verbrauch Stück für Stück auftauen, Auf jeden Fall langsam über ein bis zwei Tage im Kühlschrank.

Die Käsegeschäfte verwenden zum Einwickeln ein spezielles Papier, dass aus einer Folienschicht und aus einer damit verbundenen Papierschicht besteht. Mit diesem Papier habe ich die besten Erfahrungen gemacht. Es macht sich dabei auch noch bemerkbar, dass durch das relativ steife Papier die Verpackung nicht großflächig am Käse klebt.

Tupperware bietet zwar einen extra-Käseaufbewahrer an, mit Plastikrost im Topf und so, aber wer Käse in der viereckigen Plastikschüssel aufbewahrt, soll sich denn nicht wundern, wenn er schimmelt.

KARTOFFELN
Bewahren Sie Ihre Kartoffeln nie in Plastikbeutel auf! Sie beginnen darin zu schwitzen und zu faulen, weil sie nicht atmen können. Ebenso in Plastik verpackte gekaufte Kartoffeln müssen zuhause schnellstens raus aus dem Beutel. Luftig und kühl halten sich auch frühere Sorten z.B. in einem Korb bis zu zwei Wochen.

KOPFSALAT
Wickeln Sie den Kopfsalat in ein feuchtes Tuch oder stecken Sie ihn in einen Frischhaltebeutel. So hält er sich im Gemüsefach des Kühlschranks noch einen bis allerhöchstens zwei Tage frisch. Achten Sie darauf, dass gleichzeitig keine Tomaten oder Äpfel im Kühlschrank sind.

KRÄUTER
Schnittkräuter sollten immer im Kühlen aufbewahrt werden, denn sie welken bei

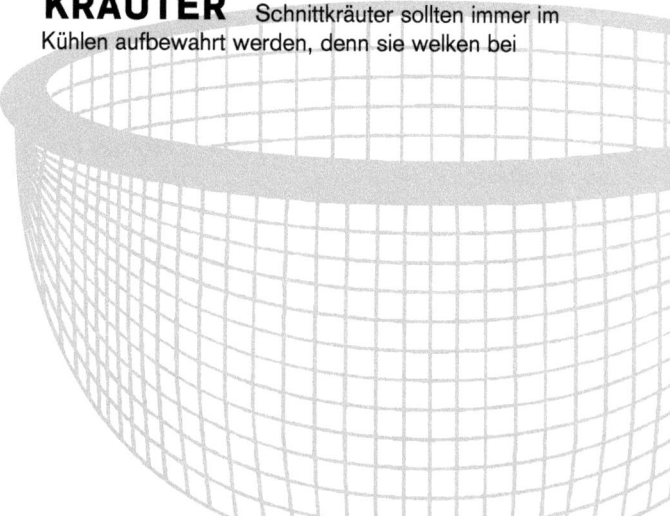

Zimmertemperatur zu schnell und verlieren an Aroma. Die Stilenden in jedem Fall abschneiden. Dann die Kräuter lose in Alufolie oder feuchtes Küchenpapier einwickeln und im Kühlschrank aufbewahren. Sie bleiben bis zu 48 Stunden frisch.

KÜRBISKERNÖL Bewahren Sie

Kürbiskernöl im Kühlschrank auf. Dort hält es sich zwölf Monate lang.

LEBKUCHEN Im Gegensatz zu knusprigen

Keksen sollen Lebkuchen und seine Verwandten wie Printen, Pfeffer- und Honigkuchen schön saftig bleiben, und das möglichst lange. Auch sie gehören in eine gut schließende Dose, am besten zusammen mit einem Apfel, der sowohl Feuchtigkeit als auch noch Aroma abgibt!

PARMESAN Damit der italienische Hartkäse

Parmesan lange erhalten bleibt und keinen Schimmel bildet, ist es wichtig, ihn in ein Küchentuch oder Butterbrotpapier einzuwickeln. Darin beginnt er nicht zu "schwitzen". In Kunststofffolie gewickelt würde das austretende Wasser sich ansammeln und Schimmel bilden. Bei dieser Lagerung erreicht der Parmesankäse eine Haltbarkeit von einigen Monaten im Kühlschrank.

PETERSILIE Frisch gekaufte Petersilie

waschen, etwas trocknen und in einem Schraubglas in

den Kühlschrank stellen. So bleibt sie lange frisch. Und es können immer weder kleinere Portionen entnommen werden.

RÄUCHERFLEISCH Zwar wird die

Haltbarkeit, vor allem bei Fleisch, durch das Räuchern verlängert, begrenzt bleibt sie trotzdem. Unter 12 °C und trocken gelagert hält sich geräucherter roher Schinken zwei bis drei Monate. Heiß geräucherter Kochschinken sollte dagegen schon nach zwei Wochen aufgegessen sein. Die Alternative ist Einfrieren, bis zu drei Monate hält sich geräuchertes Fleisch im Kälteschlaf ohne Qualitätsverlust. Auch luftdichtes Einschweißen verlängert die Haltbarkeit, so gelangt kein Sauerstoff an das Geräucherte.

WALDPILZE Pfifferlinge, Maronen und auch

Steinpilze putzen, jedoch nicht waschen.
Sie können dann einen Tag lang an einem luftigen, kühlen Platz ausgebreitet werden. Das sollte nicht der Kühlschrank sein!
Trockenpilze besser Im Gefrierschrank aufbewahren.

KRÄUTER Kräuter, Fleisch, Gemüse, Obst einfrieren: Kleine Portionen separat verpacken und einfrieren. Um lästiges Suchen zu vermeiden, die zusammengehörenden Portionen nochmals in einen großen Gefrierbeutel geben und diesen beschriften.

FLÜSSIGKEITEN Flüssigkeiten einzufrieren ist eigentlich einfach: In ein Gefäß füllen und ab in den Tiefkühlschrank.

Doch im Detail steckt der Teufel:
Wasser dehnt sich aus, wenn es gefriert. Gefrorenes Wasser kann somit den Behälter auseinander brechen. Im blödesten Fall ist das Gefäß auch noch aus Glas. Man kann dann vor lauter Scherben die Flüssigkeit wegwerfen und hat eine Heidenarbeit beim Befreien des Tiefkühlfachs von den spitzen, scharfen Glasscherben.
Doch der Bedarf, Flüssigkeiten einzufrieren, ist da. Selbstgemachter Pesto und Reste von Saucen sind die klassischen Kandidaten für Gefriertruhen.
Die Flaschen nicht bis zum Anschlag füllen! Damit sich Säfte und Milch beim Einfrieren ausdehnen können, sollten die Flaschen maximal zu drei Viertel ihres Volumens gefüllt werden. Dann klappt alles wunderbar.

FISCHE Damit die Filets sich beim Einfrieren nicht verformen, packen Sie sie einzeln in einen Gefrierbeutel und lassen sie auf einem Brett oder einer Platte durchfrosten.

Das Brett kann dann entfernt und mehrere Filets auch in einem Beutel aufbewahrt werden.
Nehmen Sie ganze Fische unbedingt vorher aus, bevor Sie sie einfrieren. Eventuell auch die Köpfe und Schwänze entfernen, die Sie extra eingefroren und später noch für einen Fischfond verwenden können. Den

Fisch in große Gefrierbeutel verpacken. Alufolie ist nicht geeignet, weil sie den Geschmack des Fisches beeinträchtigt.

SAUCEN
Bevor Sie Saucen einfrieren, sollten sie ausgekühlt und entfettet sein. Zuviel Fett lässt sie sonst möglicherweise gerinnen, wenn Sie sie wieder verwenden.

Füllen Sie die Sauce noch heiß in eine passende Gefrierdose, kühlen Sie sie im kalten Wasserbad und dann ab in den Kälteschlaf.

Aufgepasst bei Saucen mit Eier-, Sahne- und Butterbindung! Beim Aufwärmen kann sich das enthaltene Eiweiß zersetzen.

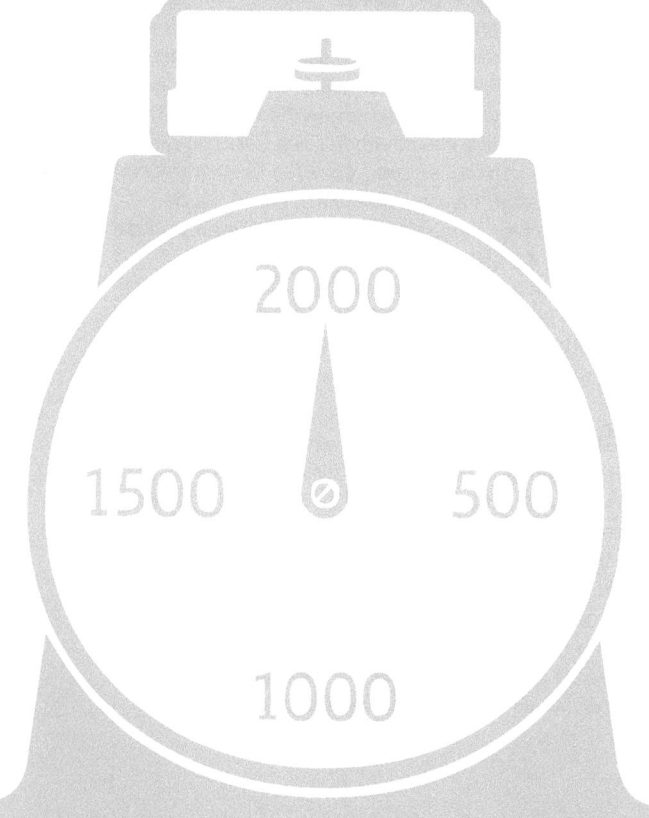

REINIGEN

ASCHENBECHER
Den Aschenbecher gereinigt, und er riecht trotzdem noch nach kaltem Rauch? Da hilft Auswaschen mit Essigwasser im Verhältnis 1 : 1.

BACKBLECH
Da Backbleche eine poröse Oberfläche haben, dürfen sie nicht mit Spülmittel gereinigt werden. Reste davon setzen sich dort ab. Besser mit einem Spatel die Teigreste von dem noch warmen Blech schaben und dann mit Küchenpapier sauber reiben. Bei starken Verschmutzungen mit klarem (!) heißen Wasser abwaschen und gut trocknen, damit das Blech nicht rostet.

BIERGLÄSER
Damit der Schaum nicht zerstört wird, müssen Biergläser und Bierkrüge absolut fettfrei sein. Also Spülmittel benutzen. Nach dem Abwaschen das Bierglas mit kaltem, klarem Wasser nachspülen, damit keine Spülreste zurückbleiben.

FLUGROST
Es gibt einen einfachen Trick / Kniff, wie man die Rostbildung verhindern kann. Trennen Sie ein Stück Alufolie von Ihrer Rolle und knüllen das abgesrissene Stück zu einem „kleinen Ball". Es muss aber darauf geachtet werden, dass die matte Seite der Alufolie außen ist ! Dies ist absolut wichtig ! Nur so kann die Alufolie ihre Kraft entfalten.
Die Alu-Kugel verhindert, dass sich an dem Besteck noch Rost absetzen kann. Die Alu-Kugel wird nach und nach schwarz. Sie muss dann ausgetauscht werden.

GLÄSER, TRÜB
Wenn man die Gläser von Hand gespült (auch mal mit Klarspüler abgerieben) nicht sauber bekommen hat, ist das vermutlich ein „ech-

ter Glasschaden". Das heißt: die Glasoberfläche ist durch das Spülen in der Spülmaschine zerstört.
In Zukunft teure Gläser nur mit der Hand spülen.
Bleikristall ist grobporig und weich, hat einen niedrigeren Schmelzpunkt und wird milchig durch feuchte Hitze. Falls die Spülmaschine ein „Muss" ist, dann eine niedrige Temperatur einstellen. Den billigen Senfgläsern machen die hohen Temperaturen in der Spülmaschine dagegen nichts aus.

GUSSEISENPFANNE Die Pfanne nur

mit heißem Wasser reinigen. Stark haftende Speisereste mit warmem Wasser einweichen. Nach dem Reinigen die Pfanne gleich abtrocknen, um Flecken zu vermeiden.
Gusseisenpfannen (Bräter, Lyoner, Grillpfanne etc.) darf niemals mit Seife oder „Spüli' gewaschen werden. Die Pfanne läuft sonst nicht mehr, d.h., Fleisch, Fisch(!) aber auch Gemüse klebt an.
Die Pfanne sollte möglichst nur hoch erhitzt werden und dann unter kaltem Wasser mit Naturborsten ausgerieben werden.
Bei starker Verunreinigung, oder wenn wirklich mal was anbrennt, die Pfanne mit reichlich Salz belegen, hoch erhitzen und mit Küchenpapier kräftig ausreiben. Und danach natürlich wie immer mit Erdnuß- oder Kokosfett ausreiben.
Wenn's wirklich mal „Spüli" braucht, bei Secondhand-Pfannen z.B., in der Pfanne als Erstes Kartoffelscheiben braten. Die Kartoffelstärke „imprägniert" den

Pfannenboden bestens und lässt danach nichts mehr ankleben.
Übrigens: Eine gute Gusseisenpfanne ist immer auch innen schwarz. Nie blankreinigen!

HÄNDE
Gegen Gerüche von Fisch, Zwiebeln und Knoblauch an den Händen und Fingern hilft ganz einfach Edelstahl. Reiben Sie mit einer sogenannten Edelstahlseife die Hände unter fließendem Wasser etwa 20 Sekunden. Der Geruch verschwindet dadurch.

KÜCHENBODEN
Haben Sie versehentlich Fett oder Öl auf dem Küchenboden veschüttet, streuen Sie Salz auf die Flecken. Das Salz saugt die Flecken auf. Anschließend putzen Sie den Boden wie gewohnt. Diese Methode sollen Sie nicht bei PVC-Böden anwenden. Machen Sie im Zweifelsfall an einer unauffälligen Stelle eine Verträglichkeitsprobe.

KÜCHENMESSER
Auch Küchenmesser, die „spülmaschinenfest" sein sollen, gehören in die Maschine nicht hinein, weil sie dort viel schneller stumpf werden. Besser ist es, das Messer nach dem Gebrauch gleich mit heißem Wasser abzuspülen und abzutrocknen.

MARMOR
Flecken auf Marmor lassen sich mit Hilfe von Salz und Zitrone entfernen. Dafür auf eine frisch geschnittene Zitronenhälfte nicht zu wenig Salz streuen und ganz leicht über die Flecken reiben. Die Marmorpolitur soll dabei nicht angegriffen werden. Danach mit Wasser und etwas Spülmittel abspülen.

METALL ENTROSTEN Rostflecken

auf Küchengeräten aus Metall? Sie lassen sich mit einer Paste aus Butter und Kochsalz entfernen. Die Flecken damit bestreichen und ungefähr eine Stunde einwirken lassen. Anschließend mit Küchenpapier oder einem weichen Lappen abreiben.

METALLPFANNEN Auch herkömmliche

Pfannen aus Metall werden von Profis nur mit heißem Wasser und Küchenpapier gesäubert. Bei hartnäckigen Fällen kann zusätzliches Salz noch hilfreich sein. Wichtig zu wissen ist dabei, dass sich bei jeder Benutzung der Pfanne eine natürliche Antihaftschicht weiter bildet. Seife oder Spülmittel würden sie immer wieder zerstören.

SCHNEIDEBRETTER Wie auch alle

anderen Küchengeräte aus Holz gehören hölzerne Schneidebretter nicht in die Spülmaschine.
Das Brett gleich nach Gebrauch abwaschen und darauf achten, dass es dabei nicht lange im Wasser liegen bleibt. Danach an der Luft trocknen lassen.
Mit einem kleinen Trick trocknen und desinfizieren Sie ein nasses Holzschneidebrett gleichzeitig: Streuen Sie einfach Salz auf die nasse Fläche und wischen Sie das Brett trocken.

Gelegentlich sollten Schneidebretter aus Holz mit etwas Speiseöl eingerieben werden, damit das Holz nicht zu spröde wird.

TEFLONPFANNEN

Heißes Wasser und Küchenpapier reichen zum Säubern völlig aus, auf keinen Fall Spülmittel verwenden. Auch Kratzschwämme oder Eisenwolle von Teflon-Pfannen fern halten, die Freude an der Beschichtung ist sonst nur von kurzer Dauer.

VASEN

Bei vielen schmalen, hohen Vasen kommt man beim Säubern oft gar nicht bis zum Boden. Passiert ebenso mit den dekorativen Grappa-Flaschen, in denen sich ein einziger Stiel immer gut macht. Mit der Zeit setzt sich dort jedoch von den Blumen ein Belag ab, der gerade bei Exemplaren aus Glas sehr unschön aussieht. Dagegen hilft eine oder zwei Tabletten Zahnprothesen-Reiniger. Der säubert nämlich nicht nur die dritten Zähne besonders gründlich!
Wenn die Kristallvase Wasserränder hat, soll der folgende Trick helfen: Kleingeschnittene Kartoffelschalen in die Vase füllen und mit etwas Wasser übergießen. Die Mischung kräftig schütteln, und die Schalen wegschmeißen. Bei hartnäckigen Fällen die Prozedur wiederholen.

NOTIZEN

RAINER WÖRTMANN

war u. a. Chefredakteur der
Zeitschrift „PLAYBOY",
Art Director der Zeitschrift
„TRANSATLANTIK",
verantwortlicher Redakteur
des Titelbildes
„DER SPIEGEL", sowie
Mitglied der Chefredaktion
„SPIEGEL special".

Bereits erschienene Bücher:
„Leicht lernen mit Eselsbrücken",
ISBN: 3-8334-0035-8;
„Fremdwörter leicht verstehen",
ISBN-13: 978-3-8334-9264-8 und
ein Merkkalender
„Ich denk' an Dich",
ISBN: 978-3-8370-1107-4

Rainer Wörtmann lebt
als freier Medienberater
in Hamburg und Italien.